토감이랑 무추를 먹어요

글 김선영 | 그림 이은용

(주) 한국슈바이처
KOREA SCHWEITZER CO., LTD

애들아, 식물 중에 '토감' 이란 이름을 들어 보았니?
토감은 줄기에는 토마토가 주렁주렁 열리고,
뿌리에는 감자가 달리는 식물이야.
또 위쪽은 배추인데 밑동에는 무가 달린 '무추',
양배추와 무가 결합된 '양무추' 도 있지.
이처럼 하나의 식물에서 두 가지 수확물을 거둘 수
있는 농산물이 다양하게 개발되고 있어.

무 추
양 무 추

1998년, 세계에서 가장 비싼 몸값의
슈퍼 돼지가 우리나라에서 탄생했지.
바로, 빈혈 치료제 등의 의약품 원료를
생산하는 새롬이야.
생명 공학을 바탕으로 태어난 새롬이의
몸값이 얼마인지 아니?
자그마치 11억 원이나 된다는구나.

돼지뿐 아니라 토종 한우의 좋은 점을 가진
새로운 바이오 소도 만들어졌어.
바이오 소는 질병에도 강하고, 사람 몸에 꼭
필요한 칼슘을 잘 흡수하게 도와주는 우유를
생산해 낸단다.

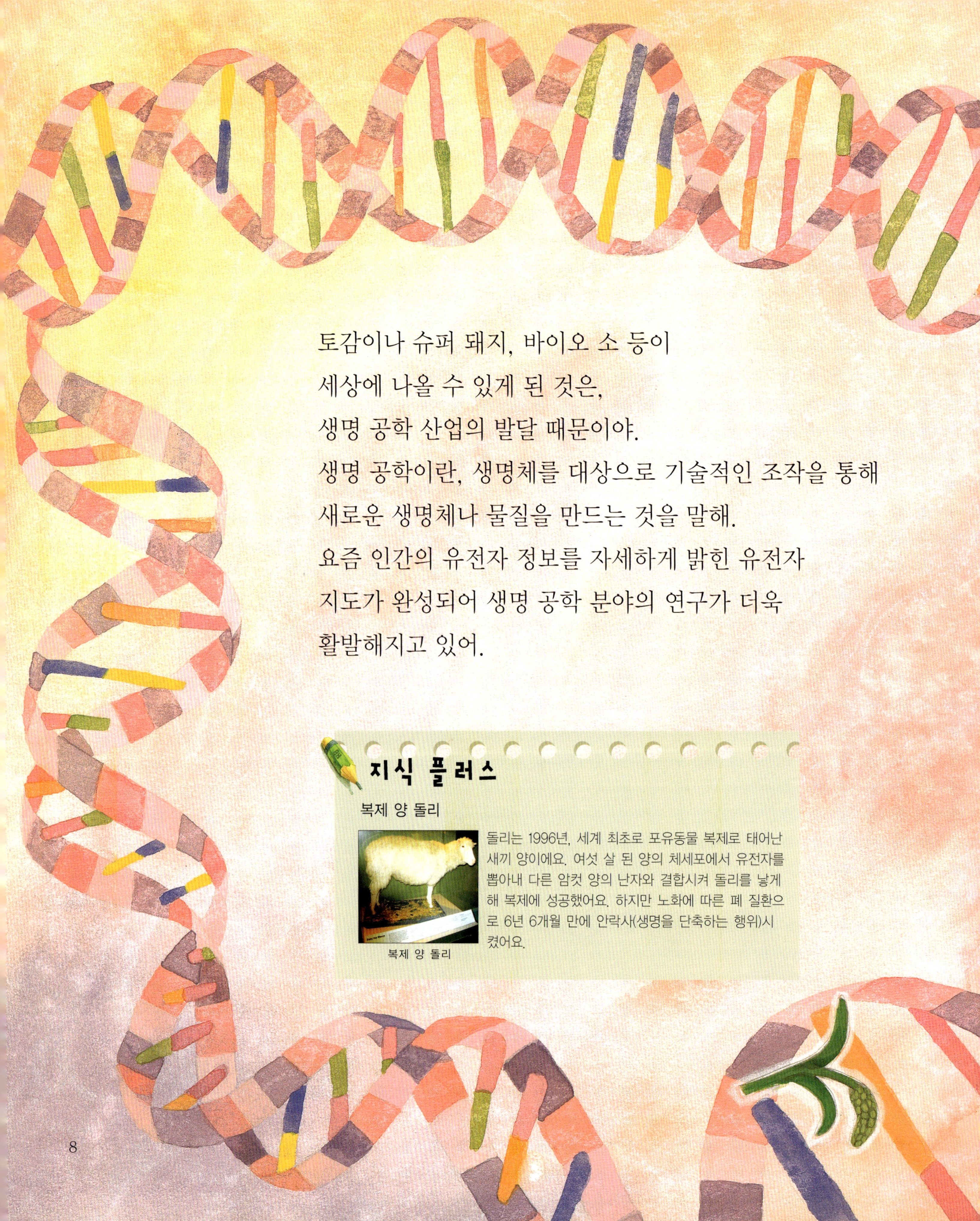

토끼이나 슈퍼 돼지, 바이오 소 등이
세상에 나올 수 있게 된 것은,
생명 공학 산업의 발달 때문이야.
생명 공학이란, 생명체를 대상으로 기술적인 조작을 통해
새로운 생명체나 물질을 만드는 것을 말해.
요즘 인간의 유전자 정보를 자세하게 밝힌 유전자
지도가 완성되어 생명 공학 분야의 연구가 더욱
활발해지고 있어.

지식 플러스

복제 양 돌리

돌리는 1996년, 세계 최초로 포유동물 복제로 태어난
새끼 양이에요. 여섯 살 된 양의 체세포에서 유전자를
뽑아내 다른 암컷 양의 난자와 결합시켜 돌리를 낳게
해 복제에 성공했어요. 하지만 노화에 따른 폐 질환으
로 6년 6개월 만에 안락사(생명을 단축하는 행위)시
켰어요.

복제 양 돌리

몇 년 전 우리나라의 김순권 박사가 슈퍼 옥수수를 개발했어.
보통 옥수수에 비해 크기가 매우 크고, 낟알도 아주 많은 옥수수였지.
슈퍼 옥수수는 우리나라뿐 아니라 북한, 아프리카 등으로 보내져
식량이 부족한 나라의 기아 문제를 해결하는 데 큰 도움을 주고 있어.

지식 플러스

환경도 살리는 생명 공학 작물

식물의 유전자를 변형해 만드는 생명 공학 작물이
농가의 소득을 올려 줄 뿐만 아니라 환경에도 많은
도움을 주고 있어요. 생명 공학 작물의 재배로
농약과 비료 사용이 많이 줄어들었어요.
또, 재배 환경도 까다롭지 않아 온실 가스의 배출
도 많이 줄일 수 있지요.

김순권 박사

12

또한 유전 공학으로 질병이나 병충해*에 강한 품종을 만들어
수확량을 높일 수 있어.
새로운 농작물을 개량*하고, 최고 품질의 가축을 계속 개발하여
대량 생산함으로써 식량 문제나 영양 부족 문제를 해결할 수 있지.
모유가 부족한 엄마와 아기를 위해 모유를 생산하는
젖소를 개발한 것은 좋은 예라고 할 수 있어.

*병충해 : 농작물이 병과 해충으로 입은 피해.
*개량 : 나쁜 점을 보완하여 더 좋게 고침.

유전 공학을 통해 암과 같은 불치병을
치료할 의약품을 개발할 수도 있어.
불치병을 일으키는 유전자 정보를 밝혀내고,
동물의 유전자 조작을 통한 실험으로 적절한
의약품을 개발할 수 있을 거야.
또, 사람의 장기를 인공적으로 개발하여 손상된
장기와 교체하면 환자들이 건강을 되찾을 수도 있지.
이런 연구들로 인해 사람의 수명은 점점 길어질 거야.

ksch
KOR

유전자 검사를 통해 헤어진 가족을 찾을 수 있어.
또 범행 현장에서 발견된 머리카락으로 범인도
찾을 수 있지.
비행기 추락이나 화재와 같은 대형 사고가 났을 때
사망자의 신원을 확인하는 데에도 유전자 검사가
결정적인 역할을 해.

지식 플러스

머리카락 한 올만 조사해도 다 나와

머리카락의 모근(털이 피부에 박힌 부분)은
살아 있는 세포이기 때문에 유전자 검사에
필요한 디엔에이(DNA)를 충분히 가지고
있어 인체 정보를 알 수 있대요.
마약과 같은 약물 복용 사실뿐만 아니라
영양소의 부족과 과잉 등의 건강 상태도
알아낼 수 있다고 해요.

유전 공학은 환경오염에도
탁월한 효과를 가져오지.
유전 공학으로 개발된 미생물은 오염
물질을 분해하고, 오염을 방지하여
환경 보전에 많은 도움을 주지.
폐유*의 오염을 막는 초 세균이나 각종 부식을
막는 방부 세균 등이 좋은 예가 될 수 있어.

*폐유 : 쓰고 난 기름.

유전 공학은 앞으로 더욱 발전하여 인류의 생활에
큰 영향을 끼치게 될 거야.
어쩌면, 질병의 종류와 시기를 미리 알아내 환자에게 딱 맞는
맞춤형 약이 개발되어 치료할 수 있게 될지도 몰라.
또, 병원에 가지 않고도 의사의 진료를 받을 수 있게 될 수도 있어.

하지만 유전 공학의 활용에 대한 우려도 높은 편이야.
동식물을 복제하는 실험이 잘못될 경우, 동식물에
기형이 나타나 피해를 입을 수 있지.
유전자를 인공적으로 조작하여 만든 농축산물이나 식품이
사람에게 해를 끼치거나 건강에 위험을 가져올 수도 있으니까.

지식 플러스

돌연변이에 대해 알고 싶어요

생물체에서 어버이의 계통에 없던 새로운 형질이
나타나는 경우를 '돌연변이'라고 해요.
돌연변이가 생기는 원인에는 여러 가지가 있지만
유전자나 염색체의 구조에 변화가 생기거나 방사
선·자외선·화학 물질 등이 원인이 되어서 일어
나기도 해요.

그런데 유전자 조작으로 인간을 복제한다면 어떻게 될까?
사고를 당하거나 병에 걸렸을 때 복제 인간의 도움을
받을 수 있는 좋은 점이 있어.
하지만 복제 동물들 대부분이 일찍 죽거나 유전자의
결함으로 비정상적인 경우가 많아.
또, 똑같은 인간을 수없이 만들어 낸다면 인간에 대한
존엄성이 사라질 뿐만 아니라, 생명을 경시*하는
풍조*가 생길 거야.

＊경시 : 대수롭지 않게 보거나 업신여김.
＊풍조 : 시대에 따라 변하는 세태.

25

우리나라는 2001년부터 유전자 변형 식품 표시제를 실시하고 있어.

'지엠오(GMO)' 표시가 적힌 식품들이 바로, 유전자 변형 식품이지.

대표적인 유전자 변형 농산물에는 콩, 옥수수, 감자, 토마토 등이 있는데,

특히 미국에서 수입하는 콩은 절반 이상이 유전자 변형 콩이야.

이렇게 수입된 콩은 주로 식용유와 된장, 고추장, 간장, 두부, 두유 등의

원료로 사용되고 있어.

하지만 유전자 변형 식품을 장기간 먹게 되면 면역* 체계가 약해지고,

거부 반응을 일으킬 수도 있다고 하니까 꼼꼼하게 따져 봐야 해.

*면역 : 몸속에 들어온 병원 미생물에 대항하는 항체를 생산하여 독소를 중화하거나
　　　병원 미생물을 죽여서 다음에는 그 병에 걸리지 않도록 된 상태.

지식 플러스

지엠오 식품을 먹어야 하나 말아야 하나?

지엠오 식품은 질병에 강하고 수확량이 많아 식량난을 해소할 수 있다는 장점이 있어요.
하지만 인간에게 해가 없다는 점이 분명하게 검증된 바가 없고, 지엠오 품종으로 인해 생태계가 혼란에 빠지는 등 환경 재앙이 발생할 수도 있다는 위험성을 안고 있어 지엠오 식품을 신뢰하는 미국과 기피하는 유럽 국가 간에 팽팽한 대립이 계속되고 있어요.

지식 플러스

실험에 이용되는 동물들

매년 수백 마리의 동물들이 각종 실험에 이용되고 있어요.
많은 연구들이 동물을 이용한 실험으로 성공적인 결과를 얻었어요.

실험용 흰쥐

하지만 동물이 받게 되는 학대와 고통을 이유로 동물 실험을 중단해야 한다고 주장하는 사람들도 많아요.

지금도 과학자들은 생물의 유전자 가운데 유용한 유전자를
다른 생물체에 이식*하여 새로운 품종을 만들어 내고 있어.
이러한 첨단 기술의 발전으로 생명 공학은 미래에 더욱 중요한
산업으로 주목 받게 될 거야.
하지만 무분별한 동식물 실험이나 유전자 조작으로 인해 인류가
치명적인 위험에 빠질 수 있다는 것을 잊지 말아야 할 거야.

*이식 : 살아 있는 조직이나 장기를 생체로부터 떼어 내어, 같은 개체의
　　　다른 부분 또는 다른 개체에 옮겨 붙이는 일.

생명 공학이란?

생명 공학을 알기 위해서는 우선 생물이 무엇인지 살펴보아야 해요.

우리의 몸은 물론, 하늘을 날아다니는 새, 푸른 잔디, 그리고 현미경을 통하지 않고는 볼 수 없는 박테리아에 이르기까지 우리 주변엔 많은 생물들로 가득 차 있어요.

생물들은 다양한 환경에 적응하며 살아가기 위한 나름대로의 특별한 방법을 가지고 있어요. 생물들이 어떻게 살아가는지 이해하게 된다면 숨어 있는 능력을 우리 생활에 더 많이 이용할 수 있겠죠?

그런데 우리 조상들은 생물의 능력을 과학적으로 이해하기 훨씬 전부터 생물을 이용하는 삶의 지혜를 보여 주었어요. 우리의 식탁에 빠지지 않고 등장하는 김치와 된장이 대표적인 예이지요.

이처럼 생명 공학은 생물이 지니고 있는 능력을 발견하고 활용하여 우리에게 많은 혜택을 가져다 줄 수 있는 새로운 기술이에요. 기술은 흔히 기계를 다룰 때만 쓰는 말이라고 생각하기 쉬운데, 생명 공학은 생물체를 대상으로 하는 기술이랍니다.

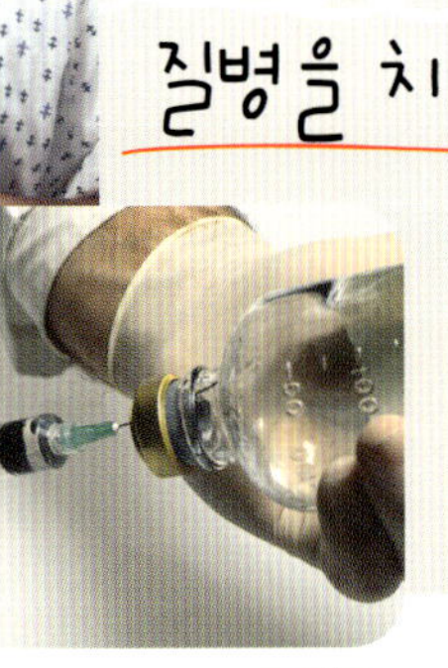

질병을 치료해요

생명 공학의 발전으로 암과 같은 불치병을 치료하는 의약품이 개발되어 환자를 치료하는 데 도움을 주고 있어요.

또, 인공 신장과 같은 인공 장기를 만들어 손상된 신체의 일부분을 교체함으로써 환자들이 건강을 되찾을 수 있도록 도와준답니다.

생명 공학의 발전 모습

고대 – 농업 활동 및 식품 제조(술, 치즈)
1665년 – 세포 발견(훅)
1865년 – 유전자 법칙 발견(멘델)
1928년 – 미생물로부터 항생제(페니실린) 개발(플레밍)
1953년 – 디엔에이(DNA) 구조가 밝혀짐(왓슨과 크릭)

1973년 – 유전자 재조합 기술 개발(코헨과 보이어)
1990년대 – 생명 기술을 이용하여 유익한 물질 생산
2000년대 – 유전자 기능 연구 및 복제 기술 발달(난치병 치료, 의약품 개발, 신소재 개발)

생명 공학 자원… 제대혈

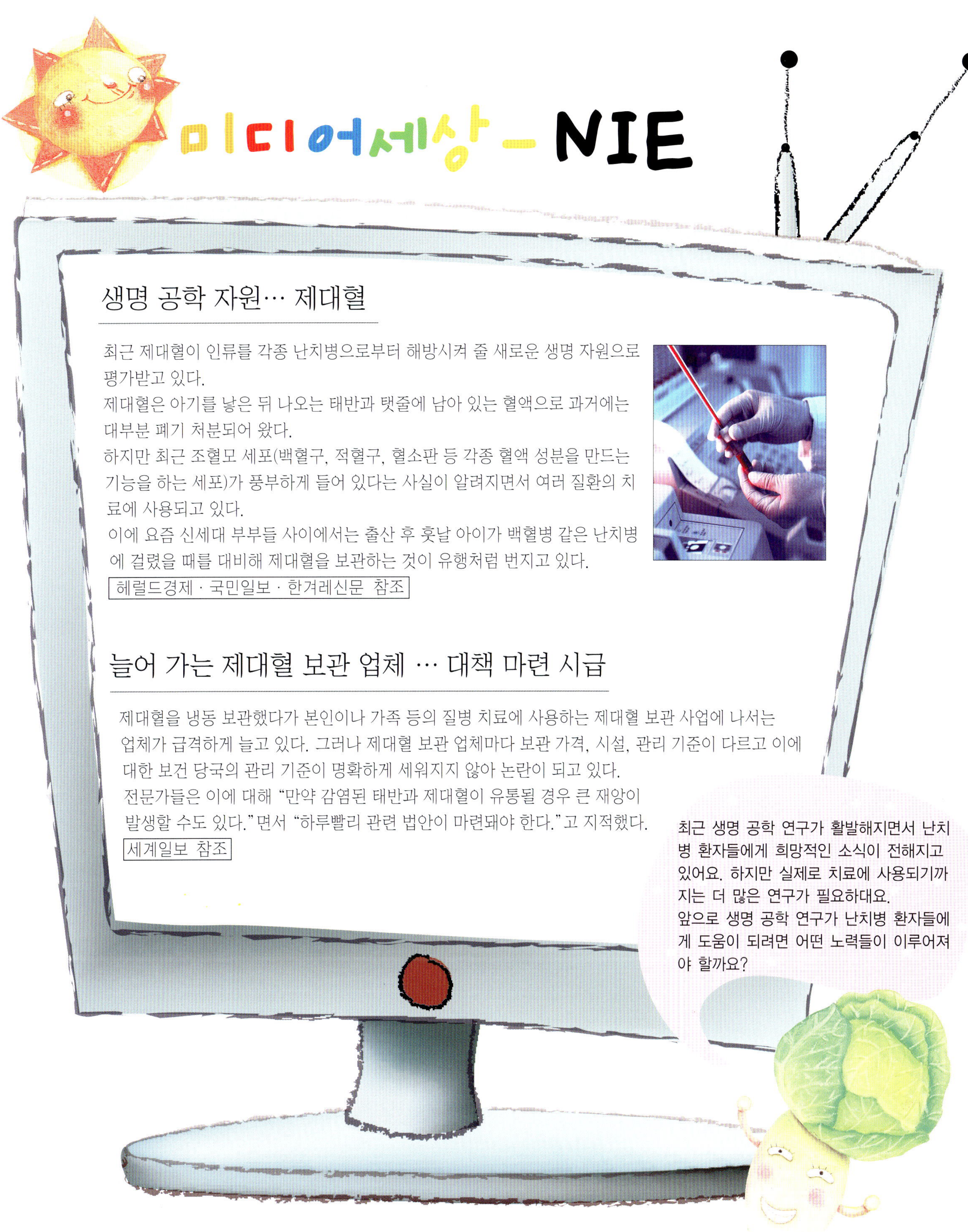

최근 제대혈이 인류를 각종 난치병으로부터 해방시켜 줄 새로운 생명 자원으로 평가받고 있다.

제대혈은 아기를 낳은 뒤 나오는 태반과 탯줄에 남아 있는 혈액으로 과거에는 대부분 폐기 처분되어 왔다.

하지만 최근 조혈모 세포(백혈구, 적혈구, 혈소판 등 각종 혈액 성분을 만드는 기능을 하는 세포)가 풍부하게 들어 있다는 사실이 알려지면서 여러 질환의 치료에 사용되고 있다.

이에 요즘 신세대 부부들 사이에서는 출산 후 훗날 아이가 백혈병 같은 난치병에 걸렸을 때를 대비해 제대혈을 보관하는 것이 유행처럼 번지고 있다.

헤럴드경제 · 국민일보 · 한겨레신문 참조

늘어 가는 제대혈 보관 업체 … 대책 마련 시급

제대혈을 냉동 보관했다가 본인이나 가족 등의 질병 치료에 사용하는 제대혈 보관 사업에 나서는 업체가 급격하게 늘고 있다. 그러나 제대혈 보관 업체마다 보관 가격, 시설, 관리 기준이 다르고 이에 대한 보건 당국의 관리 기준이 명확하게 세워지지 않아 논란이 되고 있다.

전문가들은 이에 대해 "만약 감염된 태반과 제대혈이 유통될 경우 큰 재앙이 발생할 수도 있다."면서 "하루빨리 관련 법안이 마련돼야 한다."고 지적했다.

세계일보 참조

최근 생명 공학 연구가 활발해지면서 난치병 환자들에게 희망적인 소식이 전해지고 있어요. 하지만 실제로 치료에 사용되기까지는 더 많은 연구가 필요하대요.
앞으로 생명 공학 연구가 난치병 환자들에게 도움이 되려면 어떤 노력들이 이루어져야 할까요?

'지엠오(GMO)'를 알고 있나요?

유전 공학 또는 유전자 조작을 통해 한 종으로부터 유전자를 얻어 이를 다른 종에 삽입해서 새롭게 만들어진 생명체를 '지엠오' 즉, 유전자 조작 생물체라고 불러요. 유전자 조작이 벼나 감자, 옥수수, 콩 등의 농작물에 행해지면 유전자 변형 농산물이라 부르고, 이 농산물을 가공하면 유전자 변형 식품이라고 하지요.

지엠오의 연구는 왜 필요할까요?

지구의 인구는 자꾸만 증가하는데 농사를 지을 땅은 점점 줄어들고 있어요. 그래서 세계의 기아 인구도 늘어만 가지요. 따라서 적은 땅에서 많은 양의 곡식이나 과일을 얻기 위해 한 식물에서 두 가지 이상의 수확물을 얻을 수 있는 유전자 재조합 기술로 변형시킨 식물이 유용하게 사용되고 있어요.

지엠오의 장단점

지엠오는 기아를 겪고 있는 나라의 식량 위기를 해결할 수 있고, 농약 사용도 줄일 수 있어요.

또 식품 및 곡물 생산의 효율성과 수확량이 증가하게 되며, 해충과 잡초에 대한 저항성 등 원하는 특성을 갖는 새로운 품종을 만들 수 있지요.

하지만 지엠오는 환경을 파괴할 수도 있어요. 해충과 잡초들이 저항성 유전자를 가지게 됨으로써 슈퍼 잡초와 슈퍼 해충이 탄생하게 되어 방제가 더욱 어려워질 수도 있고, 변종(돌연변이)이 출현하여 자연 생태계의 순환 구조를 파괴하는 결과가 나타날 수도 있어요. 그리고 무엇보다 안전성 면에서 인체에 무해하다고 할 수 없어 논란이 되고 있지요.

꿀벌이 사라지고 있어요

얼핏 작아 보이지만 꿀벌이 하나 둘 사라지는 것은 크나큰 재앙의 시작일 수도 있다고 해요.
지난 15년간 미국과 영국 등 여러 나라에서 꿀벌의 수가 크게 줄었는데, 그 원인 가운데 하나가 유전자 변형 농산물 때문이라고 해요. 벌레에 잘 견디도록 곤충에게 해로운 독소를 넣어 유전자 조작을 한 유전자 변형 농산물을 꿀벌들이 먹자 다 죽고 말았다는 충격적인 결과가 나왔어요. 이는 결국 유전자 변형 농산물이 인간에게 어떤 영향을 미칠지 아무도 모른다는 것을 뜻하지요.

세포와 유전자

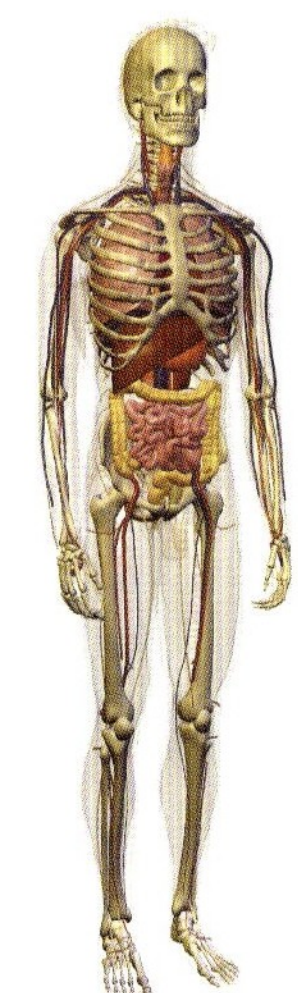

모든 생물체들은 세포로 구성되어 있어요.
우리의 몸도 어마어마하게 많은 세포로 구성되어 있지요.
이러한 세포들의 기본 구조는 같지만 각자 맡아서 하는 일은 모두 달라요.
피부 세포는 몸을 보호하기 위해 피부를, 근육 세포는 몸을 움직일 수 있도록 근육을, 뼈세포는 몸을 지탱할 수 있도록 뼈를 만들어 주지요. 이 외에도 혈액과 장기 등 살아가는 데 필요한 것을 만들어 준답니다. 이렇게 세포는 우리의 생명이 유지될 수 있도록 쉬지 않고 계속 움직이고 있답니다.

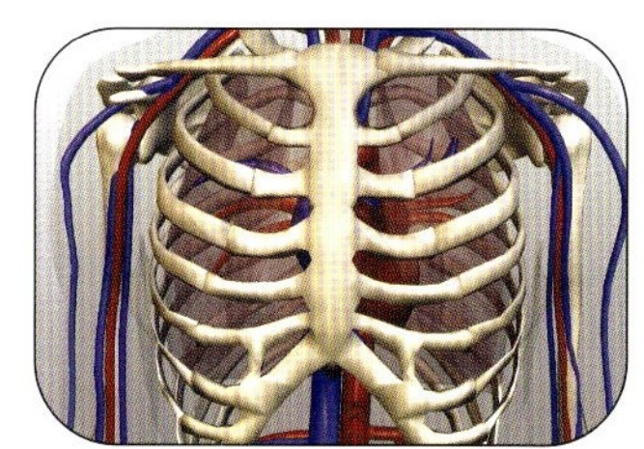
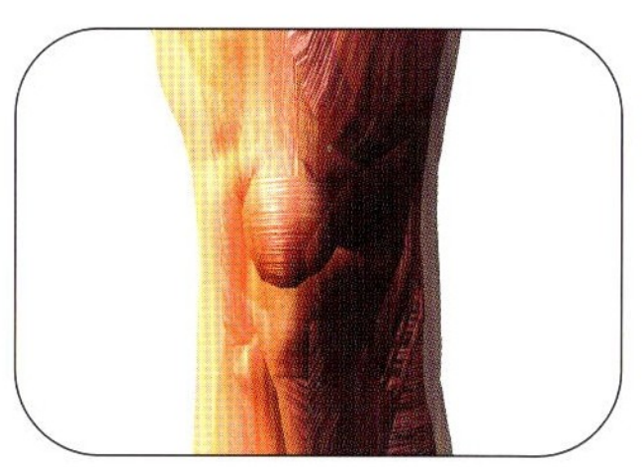

세포의 구조

세포는 눈에 보이지 않을 만큼 아주 작지만 각각의 세포 속에는 세포핵이 들어 있어요.
또 이 세포핵 안에는 염색체가 들어 있고, 염색체는 디엔에이로 구성되어 있어요.
디엔에이는 생명의 비밀을 담고 있는 유전자를 포함하고 있으며, 유전자 안에는 생물체만의 고유한 특징이 들어 있어요.

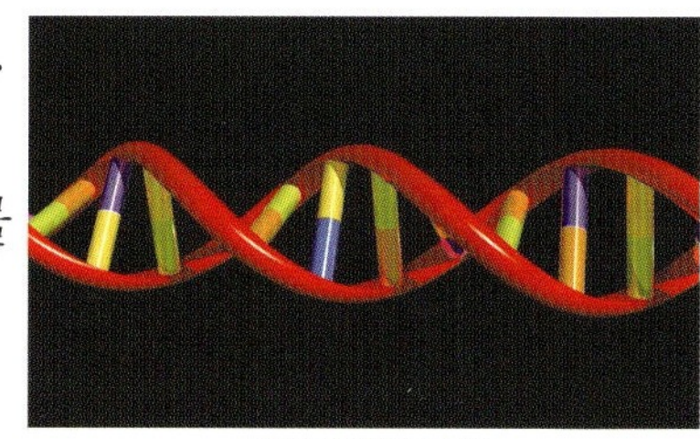
디엔에이(DNA)

유전자란?

유전자는 디엔에이 전체 가닥 중에서 특정한 의미를 가진 부분을 말해요.
우리를 있게 하고, 필요한 물질을 생산하도록 많은 도움을 주는 것도 바로 유전자가 있기 때문이지요.

유전자를 이용해요

일란성 쌍둥이와 복제 동물을 제외하고 모든 생물체들은 서로 다른 유전자 서열을 가지고 있어요.
이런 특징으로 오래전에 헤어진 가족을 확인할 때, 범죄 현장에 남겨진 머리카락이 용의자로 체포한 사람의 머리카락과 같은 것인지 확인할 때 유전자를 분석하여 정확하게 알아낼 수 있어요.

교양 프로그램 1부

바이오산업, 그것을 알려 주마!

사회자 : 오늘 이 시간에는 생명 공학을 이용해 새로운 농작물을 개발하는 바이오산업에 대해 알아보겠습니다. 이 분야의 권위자(일정한 분야에 정통하고 탁월한 전문가)인 김똑똑 박사님을 모시고 말씀 들어 보겠습니다.

김똑똑 박사 : 생명 공학은 계속해서 발전하고 있고, 그 범위도 점점 넓어지고 있습니다. 디엔에이(DNA) 재조합과 같은 유전자 공학과 핵과 세포 등을 이식하는 세포 공학 기술로 생물의 특성을 변화시켜 새로운 농산물이나 원예 작물을 생산해 내고 있지요. 혹시 '토감'에 대해 들어 보셨습니까?

토감은 토마토와 감자의 합성어로, 줄기에는 토마토가 열리고 뿌리에는 감자가 달려 있는 유전자 재조합 농산물입니다.

유전 공학의 발전으로 감자와 토마토의 세포를 인공적으로 융합하여 잡종 세포를 만들고, 이를 개체로 발생시킬 수 있는 기술이 개발되었습니다.

이러한 기술은 품종을 개량하는 데 널리 활용되고 있지요. 이 외에도 유전 공학을 통해 새로운 의약품 개발에 힘쓰고 있습니다. 따라서 머지않은 장래에는 불치병을 치료할 수 있는 의약품도 나올 것입니다.

이처럼 유전 공학은 인류 생활에 커다란 영향을 미치게 될 것입니다.

사회자 : 방송을 보시면서 궁금한 사항이 있으면 저희 프로그램 게시판에 글을 올려 주십시오. 잠시 뒤 2부에서 알기 쉽게 설명해 드리겠습니다. 잠시 뒤에 뵙겠습니다.

사회자 : 그럼 게시판에 올라온 글을 살펴보겠습니다. 김똑똑 박사님, 안녕하세요? 저는 강원도에 사는 오순남이라고 합니다. 방송 잘 보았고요, 궁금한 게 있어서 게시판에 글을 올립니다. 유전자를 재조합해 만든 유전 공학 작물이 식량이 부족한 나라의 기아 문제를 해결할 수도 있다고 들었는데, 그게 사실인가요?

김똑똑 박사 : 몇 년 전, 우리나라의 김순권 박사가 개발한 슈퍼 옥수수가 아프리카와 북한 등에 보내져 기아 문제를 효과적으로 해결하고 있습니다. 특히, 김순권 박사는 '북한에 옥수수 심기 운동'을 펼치며 북한 동포들을 위해 슈퍼 옥수수 씨앗을 뿌려 재배하도록 했지요. 이처럼 유전 공학은 새로운 농작물을 개량하고 개발하여, 인간에게 필요한 물질을 대량으로 생산함으로써 세계적인 식량 문제를 해결할 수 있는 첨단 기술이랍니다.

사회자 : 1996년에 복제 양 돌리를 탄생시키고, 인간의 배아 복제가 가능할 정도로 기술이 발달하면서 생명 공학이 세계를 바꿀 수 있을 것으로 내다보고 있습니다. 하지만 한편에서는 생명 공학 기술이 인간과 생태계 그리고 환경에 미치는 영향과 윤리 문제 등에 대해 걱정하고 있지요. 박사님께서는 어떻게 생각하십니까? 이돌석 씨께서 해 주신 질문입니다.

김똑똑 박사 : 유전 공학의 활용에 대한 우려가 높은 것도 사실입니다. 복제하는 과정에서 발생한 문제가 동식물에 기형을 나타나게 할 수도 있고, 유전자를 조작하여 만든 작물들이 인간에게 큰 해를 끼칠 수 있지요. 또한 거듭되는 복제를 통해 생명을 경시하는 풍조도 생길 거고요. 하지만 그러한 위험성이 있음에도 불구하고 세계 여러 나라들은 '제3의 산업 혁명'이라고 불리는 유전 공학 분야에 힘을 쏟고 있지요.

국립서울과학관

서울시 종로구 창경궁로 113

다양한 실험 기구를 조작하고 체험하며 과학에 관심과 흥미를 가질 수 있는 곳이 있어요. 바로 서울 종로구에 위치한 국립서울과학관이에요. 과학관으로 들어가는 1층에는 3차원 그래픽과 가상현실 등을 통해 과학의 원리를 쉽게 이해할 수 있는 기초 과학 전시실과 입체 영화관 등이 있어요. 2층으로 올라가면 어패류와 곤충류 등의 다양한 생물을 서식지별로 나누어 전시해 놓았고, 3층에는 생명 과학관이 있어 생명에 대한 폭넓은 이해를 도와준답니다. 4층에는 우주 체험관과 상설 체험관 등이 있어 우주에 대한 궁금증을 풀 수 있어요. 마지막으로 5층에 올라가면 각종 과학 교실과 컴퓨터 교실, 그리고 지식 카페가 있어 다양한 과학책을 접할 수 있지요.

과학자가 되고 싶다면 꼭 한번 들러 보세요!

○ 관람 안내

전화 (02) 3668-2200 | 홈페이지 http://www.ssm.go.kr

관람 시간 오전 09 : 30 – 오후 5 : 50

휴관일 : 매주 월요일, 1월 1일, 설날, 추석, 공휴일 다음 날

○ 가는 길

지하철 4호선 혜화역 4번 출구에서 걸어서 10분 거리

버스 창경궁 앞이나 서울대학교병원 후문 앞에서 국립서울과학관 방면 버스 이용